Nova história da arte

FUNDAÇÃO EDITORA DA UNESP

Presidente do Conselho Curador
Mário Sérgio Vasconcelos

Diretor-Presidente
Jézio Hernani Bomfim Gutierre

Superintendente Administrativo e Financeiro
William de Souza Agostinho

Conselho Editorial Acadêmico
Carlos Magno Castelo Branco Fortaleza
Henrique Nunes de Oliveira
João Francisco Galera Monico
João Luís Cardoso Tápias Ceccantini
José Leonardo do Nascimento
Lourenço Chacon Jurado Filho
Paula da Cruz Landim
Rogério Rosenfeld
Rosa Maria Feiteiro Cavalari

Editores-Adjuntos
Anderson Nobara
Leandro Rodrigues

Affonso Romano de Sant'Anna

Nova história da arte

© 2017 Editora Unesp

Direitos de publicação reservados à:
Fundação Editora da Unesp (FEU)
Praça da Sé, 108
01001-900 – São Paulo – SP
Tel.: (0xx11) 3242-7171
Fax: (0xx11) 3242-7172
www.editoraunesp.com.br
www.livrariaunesp.com.br
feu@editora.unesp.br

Dados Internacionais de Catalogação na Publicação (CIP)
Vagner Rodolfo CRB-8/9410

S231n
Santa'Anna, Affonso Romano de

Nova história da arte / Affonso Romano de Sant'Anna. – São Paulo: Editora Unesp, 2017.

Inclui bibliografia.
SBN: 978-85-393-0673-2

1. Arte. 2. História da arte. 3. Artes plásticas. 4. Crítica literária. I. Título.

2017-164
CDD 709
CDU 7.03

Editora afiliada:

Asociación de Editoriales Universitarias
de América Latina y el Caribe

Associação Brasileira de
Editoras Universitárias

Sumário

Insignificância 7

Novo método 63

Referências bibliográficas 91

A insignificância

Nota introdutória

Este ensaio tratará de dois temas das artes plásticas na atualidade.

O primeiro é a existência de uma série de obras que primam por sua **insignificância**.

Em seguida, veremos como a **linguística** pode ajudar a aclarar alguns mal-entendidos na produção de obras de baixa ou nenhuma significação simbólica.

A insignificância

Os frequentadores de museus (modernos e contemporâneos) e os que vão às galerias e bienais defrontam-se, às vezes, com algumas obras notáveis por sua **insignificância**. Essas pessoas frequentam exposições, são cidadãos formados, viajados, alguns são também artistas e outros têm obras de arte em suas casas e escritórios. Por que, então, isso ocorre?

Certa vez, ao sair do Museu D'Orsay, em Paris, vi um cartaz pregado (repetitivamente) no tapume que dizia: *"Le grand public ne s'intéresse pas à l'art contemporain. Est-ce que les artistes contemporains s'intéressent au grand public?"*.

Mais que uma ironia, o cartaz, nos seus dois questionamentos, era um diagnóstico. Ou, talvez, uma provocação para que meditássemos sobre a distância, a incomunicabilidade entre o emissor e o receptor. Naquelas sentenças há algo que deve ser desdobrado. Há aí uma pergunta e uma constatação. Em relação à constatação ("o grande público não se interessa pela arte contemporânea"), é importante assinalar que, paradoxalmente, nunca na história da arte houve uma tão grande exposição das obras ao público e nunca se frequentou tanto os museus. Portanto, é uma observação que pode ser discutida. Estabeleceu-se um conluio entre turismo e arte. E se tornaram comuns as hordas de alunos dos mais diferentes níveis que vão visitar exposições e bienais. Alguém chegou a referir-se a esses turistas como "hordas de sonâmbulos" pervagando diante das obras. Porém, o cartaz diz que o grande público não se interessa pela arte contemporânea.

Por outro lado, a segunda parte da observação, transformada em pergunta, merece ser vista mais de perto, ao indagar se os artistas contemporâneos realmente se interessam pelo público. Há, logo, uma questão de comunicação (ou de incomunicabilidade). É significativo que tais frases estivessem ali ao lado de um museu relevante. Isso não foi por acaso. Na ocasião me fiz fotografar ao lado desses dizeres e publiquei vários livros sobre os impasses da arte de nosso tempo. Mas a questão continuou a incomodar a mim e a muitos. E volta e meia eu a retomava como um desafio a ser repensado. O que é a **insignificância** no domínio das artes plásticas de nossa época?

A tal questão se soma uma outra observação. As salas dos museus vão se tornando mais vazias na medida em que nos aproximamos das obras produzidas nos nossos dias. As pessoas passam por tais salas rapidamente como se não estivessem vendo as obras, como se não houvesse ali nada a considerar com atenção. Em outros termos, é como se tais obras não **significassem**, ou como se tivessem baixo índice de **significação**. Esse esvaziamento de sentido tem que ser analisado, além da ironia, e deve ser pensado dentro de um quadro maior que inclua o entendimento da(s) ideologia(s) dominante(s) em nossa época. De que maneira esse alheamento é sintoma de algo que não é puramente artístico, mas é retrato de uma **assimetria simbólica** em que vivemos?

Tentei compreender esse esvaziamento de significado no livro *O enigma vazio* (2008), que se seguiu a *Desconstruir Duchamp* (2003). E entre os recursos analíticos adotados servi-me de várias contribuições da antropologia, da sociologia e da psicanálise, mas, sobretudo, me vali da filosofia e apontei as estratégias da sofística usada por muitos que praticam a "arte conceitual". Não se tratava de ser contra ou a favor, e sim, considerando que a "arte conceitual" domina grande parte das produções artísticas, de efetuar a desconstrução de certos sofismas e de estudar os paradigmas e a ideologia da cultura em que estamos mergulhados.

Retomo a mesma questão agora, contudo sob outro ângulo. Parto da contribuição de certos modelos linguísticos e semiológicos e proponho modos de interferir na confecção da própria história da arte.

Modelo linguístico

Ao contrário do que diz o conhecido crítico de arte americano, Clement Greenberg, a linguística tem uma contribuição a dar à teoria das artes. Aliás, não apenas a linguística, mas disciplinas como antropologia, sociologia, direito, psicanálise e outras, incluindo até o marketing moderno, podem e devem contribuir para explicitar fatos e obras gerados no âmbito artístico.[1]

Nessa ação multidisciplinar, a linguística tem o seu lugar, e outras disciplinas já se adiantaram de

---

1 Tenho tentado trazer essas disciplinas para a compreensão dos impasses da arte contemporânea. Em 2002, por meio da revista *Inteligência*, convidei especialistas de outras áreas para escreverem sobre os dilemas da arte: o antropólogo Roberto da Matta, o psicanalista Joel Birman, a artista e teórica Fayga Owtrawer, o professor de literatura e escritor Gustavo Bernardo, o curador e crítico Cláudio Valerio Teixeira, o publicitário Celso Japiassu e os artistas Maria Luiza Leão e Israel Pedrosa.

algum modo ao usar modelos linguísticos. A psicanálise de linha freudiana e lacaniana, por exemplo, se beneficiou muito das teorias sobre o signo. A antropologia de Lévi-Strauss, depois do contato deste com Roman Jakobson, utilizou modelos linguísticos para estudar não só a passagem do *cru* ao *cozido*, mas as *relações de parentesco* em algumas tribos. O signo não é privilégio da língua falada e escrita, está presente em todas as manifestações simbólicas humanas. E a arte da representação sígnica está tanto no que foi produzido espontaneamente nas cavernas como nas bienais e galerias atuais.

Este ensaio parte de noções básicas da linguística criadas por Ferdinand de Saussure (1857-1913), o qual não só redefiniu o que é *signo*, mas encaminhou a criação de uma nova disciplina – a *semiologia*. Com tal aporte, amplia-se o campo de ação crítica e chegamos ao desafiador estudo da arte contemporânea como um *sintoma* daquilo que na universidade chamam de modernidade e também de pós-modernidade. Estudar a arte de nosso tempo é esclarecer alguns dos enigmas em que estamos todos metidos. A arte, ao contrário dos que a julgam uma superestrutura acima de tudo e de todos, é um bem público, mexe com o simbólico da comunidade. Dessa forma, nosso *approach* é forçosamente semiológico. E decifrar os sinais que os artistas emitem é tarefa do teórico ou do semiólogo.

Semiologia, por sinal, é um termo também médico. E estou convencido, como já disse em vários debates e textos, que é necessária uma "junta médica", ou seja, especialistas de várias disciplinas, cada um dando a sua contribuição, para tentar um diagnóstico ou uma renovação da crítica. Isso se deve ao fato de que a arte há muito abandonou os limites do artístico, extrapolou para o não artístico e, rompendo vários paradigmas, invadiu terrenos que eram de disciplinas várias. Para citar apenas um exemplo, a questão do roubo, da apropriação e da cópia exige a intervenção do direito, pois já não é apenas uma questão "artística".[2]

---

2 Nathalie Henich (*Le Triple jeu de l'art contemporain*) estuda o caso de Pierre Pinoncelli, que fez uma exposição intitulada "Tudo aquilo que roubei de vocês", constituída de objetos roubados pelo artista. A questão saiu do campo estético e foi parar no Ministério da Justiça na França. Ver, no livro de Nathalie, o capítulo "Nas fronteiras do Direito", onde o assunto que era do Ministério da Cultura

Linguística e semiologia

Quem já leu algo de linguística sabe que desde Ferdinand de Saussure o *signo* tem dois desdobramentos – o *significante* e o *significado*. Simplificando e trazendo os termos para o nosso estudo, considere-se que o *significado* é universal. Uma "árvore" (para usar uma palavra que Saussure também usou) é uma "árvore" não importa onde esteja. Mas cada língua escreve a palavra " árvore" de uma maneira. Essa maneira variável, fonética e arbitrária, é o *significante*.

Podemos enriquecer ou complicar essas noções. É o que não farei. Quem quiser entrar nas pequenas e grandes divergências sobre o sentido do signo deve ir aos linguistas e aos filósofos. Aí, por exemplo, encontrará Charles Pierce (1939-1914), que entreviu umas dez formas diferentes de descrever o signo. Hjelmslev e Émile Benveniste participaram ao seu modo dessa polêmica.

---

passou ao Ministério da Justiça. Casos semelhantes ocorreram quando da invasão da Bienal de São Paulo, em 2008, por grafiteiros, em que houve intervenção da polícia. Comentei tal questão em vários textos.

E para encurtar o caminho, chegará ao exaustivo *The Meaning of the Meaning*, de C. K. Ogden e I. A. Richards. É uma discussão interessante que fascina alguns especialistas, mas a nós nos interessa o essencial, aquilo que Saussure descobriu no seu *Cours de linguistique generale*, publicado *post mortem*, em 1916, por seus discípulos Charles Bally e Albert Sechehaye.

Psicanalistas, linguistas, comunicólogos, antropólogos, filósofos e pessoas de várias áreas trabalharam sobre a contribuição da linguística às ciências em geral. Nos anos 1960 e 1970 chegou-se até a afirmar (com algum exagero) que a linguística seria o *carro-chefe* das ciências humanas e sociais. O fato é que havia muitas nuances nessa discussão, uns divergindo, outros ampliando tal pensamento. Mas o essencial da teoria de Saussure permanece. É como se ele tivesse desmontado o signo ao fazer o desdobramento: *signo = significado + significante*. Em outros termos: há uma parte fixa no signo. A "árvore" será sempre uma "árvore", mas a grafia ou representação sonora desse conceito varia de língua para língua. Curiosamente, poder-se-ia fazer uma aproximação (imagino que

15

já tenha sido feita): o pensamento de Saussure e o de Pierce foram gerados na mesma época em que surgiu a teoria da relatividade (entre 1905-1915). É pertinente pensar que a teoria do signo introduziu a *relatividade* na linguística. E aí há uma questão a ser desdobrada.

Mas há algo decisivo no cerne dessa observação sobre o signo que deve ser desentranhado. Embora o significante seja arbitrário, isso não significa que qualquer coisa é igual a qualquer coisa. Note-se que, na física, a teoria do caos não é caótica, e pode ser até representada numericamente.[3]

Saussure concebe a língua como um *sistema*. E no sistema as partes e o todo dialogam. Retomando esse conceito aplicado à "sistêmica" nas ciências socais, reconhece-se a precedência de Saussure, lembrando que o mestre suíço foi "fortemente influenciado pelos trabalhos de pesquisa em ciências

---

3 Mitchell Feigenbaum da Universidade de Cornel criou a constante 4.669.201.609... para expressar o caos. Escrevi uma crônica a respeito, intitulada "Enfim, a explicação do caos" (*Manchete*, 25 jul. 1984).

econômicas, notadamente sobre os equilíbrios e crise".[4] É, portanto, um conceito presente em várias disciplinas.

Em síntese: em nenhuma tribo ou comunidade chamamos uma "vaca" de " árvore". Ou seja, não tiramos leite da árvore. A árvore tem determinados atributos que não permitem que a confundamos com uma vaca. Se eu operar o "deslocamento" e levar a vaca para a floresta, a vaca continuará sendo vaca. Se eu levar a árvore e a colocar no meio de um rebanho, o máximo que pode ocorrer é as vacas se utilizarem da sombra da árvore.

Isso é elementar para qualquer detetive (inglês ou não).

Em torno da insignificância

O conceito de **insignificância** me parece essencial para se entender algumas questões de nossa época, sobretudo para compreender o que se passa com a arte contemporânea. A insignificância, por sinal, pode ter vários níveis e expressa

---

4 Durand, *La Systémique*, p.34.

pobreza simbólica, a indigência representativa da obra e até de uma época. Pode chegar a algo próximo de zero.

Consideremos mais de perto esse termo, pois dentro dessa palavra existem alguns elementos expressivos. O que seria simplesmente "signo" aparece antecedido de uma negativa "in". Estamos diante de um *significado insignificante*, ou seja, que não significa ou que significa quase nada.

Como imaginar um signo que não significa? Como entender um signo que, sendo analiticamente insignificante, circula e aparentemente é aceito por uma comunidade?

Um signo pressupõe significado. Claro, há os casos extremos, em algumas crenças, de que o significado pode ser hermético. A religião, a kabala e o esoterismo transitam nessa área. A arte, com efeito, tem contato com a religião, mas apresenta com relação a ela traços distintivos. A religião pede que você "creia", que aceite os *dogmas* com evidência. Mas há que lembrar o caso da Pedra de Roseta. Ela era algo impenetrável antes de Champollion. Ele descobriu a sintaxe entre os signos, o significado do texto.

Por outro lado, há obras de apreensão difícil, que estão cheias de signos, prenhes de significados registrados pelo autor, acumulados pela crítica, pela tradição. Cada intérprete doa à obra um significado que, não existindo anteriormente e sendo pertinente, ajunta-se ao conjunto, tornando a obra mais espessa e/ou rica. Há, em consequência, obras em que se pode penetrar estudando. O hermetismo vai se clarificando na medida em que avançamos no estudo de seu código.

É como se disséssemos que existem obras como poços de petróleo: há que perfurar fundo para achar sua riqueza. E desse petróleo saem vários produtos. A *Divina Comédia* de Dante, o *Ulisses* de Joyce, *Em busca do tempo perdido* de Proust e *Grande sertão: veredas* de Guimarães Rosa têm *estruturas complexas*[5] e exigem conhecimentos múltiplos para serem lidas e avaliadas. Elas têm estratos, camadas, códigos que passam pelo literário, implicam conhecimentos de linguística, astronomia, teologia, filosofia, história, sociologia, geografia, psicanálise

---

5 Ver Sant'Anna, "Narrativas de estrutura simples e complexas". In: _____, *Análise estrutural de romances brasileiros*.

etc. Tal noção de obras complexas pode ser aplicada às artes plásticas, como por exemplo a Michelangelo, Da Vinci, Rafael e outros.

Há também obras, no entanto, cujo significado está mais na superfície, são *obras de estrutura simples*. E aí além de algumas obras clássicas que se apoiam simetricamente sobre o *mito* e sobre a *história*, existem até obras medíocres que se tornam ricas graças à fecunda análise realizada. Exemplo disso na literatura são os folhetins do século XIX, os quais, sendo literariamente fracos, mereceram boas teses a respeito, pois aí, além do texto, o contexto explica muita coisa. Nesses casos o analista é reinventor da obra. Ela serviu de suporte para elucubrações que transcendem o que o autor queria e, mediante uma análise iluminadora, conhecemos melhor não apenas a obra, mas o tempo em que foi gerada. Isso, evidentemente, é bem diverso de algo que ocorre sistematicamente no âmbito das artes plásticas, em que autores como Jacques Derrida, Roland Barthes e Octavio Paz realizam verdadeiras *alucinações críticas* em torno de certos pintores. Estes são casos que se poderia denominar, com Russel Lynes, de "*action writing*" – uma escrita autopropulsiva que inventa a obra em análise. Achar que se pode colar à obra "qualquer" interpretação é um risco, um equívoco analítico. Os signos têm significado dentro de uma determinada cultura. Quem é cristão sabe o que significa a cruz. Se fosse possível imaginar um marciano que visse a cruz pela primeira vez, ele veria apenas duas linhas que se cruzam. Logo, não resta dúvida de que cada época, cada cultura engendram um código artístico determinado. Isso é legítimo, é esperado. E dentro da moderna contemporaneidade engendrou-se algo *sui generis* que foi muito bem enquadrado pela socióloga Nathalie Heinich. Tendo os artistas criado *contra* a sociedade o conceito de *antiarte* e até de *não arte*, levando assim a limites sem precedentes a transgressão artística e social, a sociedade recuperou-se imediatamente do choque e vingou-se aceitando a *transgressão* como *norma.* Hoje são as empresas estatais, as multinacionais, os burgueses que oficializam a arte dominante. Por isso Howard Becker chama a arte atual de "oficialista". Ela é gerada e mantida pelo próprio sistema. É como se o artista tivesse caído na armadilha que criou para seu adversário imaginário. A tal fenômeno Nathalie Heinich chama de o *triplo jogo da arte contemporânea*. Primeiro o artista transgride, logo o sistema anula a transgressão, em terceiro lugar o artista torna a transgredir dentro de um jogo vicioso, em que o sistema habilmente sai como deglutidor de quem pensa degluti-lo.

Árvore e copo d'água

Há abundante material para ilustrar a **insignificância**. Há até um certo louvor, uma certa jactância em produzir obras sem sentido. Poderia citar, por exemplo, um texto-manifesto de Walter Maria (1960), intitulado "Meaningless Work" [Obra sem sentido], em que ele diz: "A obra sem sentido é obviamente a mais importante e significante forma de arte hoje".[6] Pode-se analisar detalhadamente seu manifesto para se observar o quanto reflete nosso tempo. E, recentemente, para dar apenas mais um exemplo introdutório, publi-

---

6 Maria, Meaningless Work. In: Stiles; Selz (Orgs.), *Theories and Documents of Contemporary Art – a source book of artists' writings*.

cou-se, em página inteira num jornal brasileiro, o seguinte artigo sobre Marina Abramovic:

Marina Abramovic caminha a passos suaves pela Serpentine Gallery, em Londres [...] A sérvia passará oito horas por dia, durante 64 dias, de hoje até 25 de agosto, em meio aos 160 visitantes que a galeria do Hide Park comporta. Em prévia da exposição "512 horas" fechada para convidados, galeristas, colecionadores, críticos e outros vips, ontem, a artista interceptou, de poucos em poucos minutos, um visitante diferente, que foi conduzido até a parede. Como quem introduz à experiência transcendental de olhar para o vazio. Marina acompanhou o escolhido, mão sobre o ombro, em direção à superfície branca. Em outros pontos da sala, pequenos grupos imitavam o ritual em meditação solene [...] E os menos tolerantes – ou menos familiarizados com esse tipo de obra – verão com impaciência um desperdício de tempo e espaço. Entre uns e outros muita gente se perguntará, incomodada ou encantada, o que faz ali, a seguir uma senhora de preto que se dispõe a vagar por um espaço vazio durante 512 horas.[7]

---

7 Osvald, Marina Abramovic inicia performance na qual passará 512 horas em meio a espectadores, *O Globo*, 12

Na mesma semana em que colhi essa notícia a *Revista de Domingo* do jornal publicou matéria sobre Tiago Cruz Mendes, entregador de farmácia e cantor de funk que se apresenta como sósia de Neymar (jogador da seleção brasileira e do Barcelona). Ele revela que é um "sósia profissional" do jogador, tem três gavetas de óculos semelhantes ao do jogador, cobra de 300 a 1.500 reais em cada exibição e já foi apresentado ao jogador. Termina a reportagem revelando que "Em São Paulo, há pelo menos outros quatro sósias de Neymar em atividade. O mais famoso é Gabriel Lucas, 17 anos, que já gravou 20 comerciais ao lado do camisa 10 da seleção".[8]

Qual a relação entre esse fato e a instalação de Marina Abramovic na Galeria Serpentina? Dispensa-se analisar, por óbvio, as relações entre tais

---

jun. 2014. Disponível em: <http://oglobo.globo.com/cultura/marina-abramovic-inicia-performance-na-qual-passara-512-horas-em-meio-espectadores-12817057>.

8 Dale, O Neymar de São João de Meriti, *O Globo*, 15 jun. 2014. Disponível em: <http://oglobo.globo.com/esportes/o-neymar-de-sao-joao-de-meriti-12852828>.

fatos e a *sociedade do espetáculo* sobre a qual muito se tem escrito, desde o livro célebre de Guy Debord aos livros recentes de Zygmunt Bauman. Ver também o que significa estar com o artista, tocar o artista, ser/parecer artista.

Dou, a seguir, um exemplo paradigmático de *in-sign-ficância* no espaço da arte, um fato que ocupou o noticiário em vários jornais do Ocidente. Em 1974, Michael Graig-Martin fez uma exposição que circulou por vários países – ele e a exposição, posto que a criatura (obra) era indissociável do autor (criador). Ele exibia um copo de água pela metade e "demonstrava", não no plano do real, mas em seu *discurso,* que aquele copo d'água era um carvalho. Os interessados encontrarão na internet o texto que acompanha a exposição, intitulada "An Oak Tree" [Um carvalho].

Seu *discurso* seria, segundo ele, um passo adiante da famosa lenda do "imperador nu" a que tantas pessoas têm se referido, citando ou não Hans Christian Andersen. É comum e bastante recorrente os analistas da arte contemporânea se referirem a essa lenda. Eu mesmo me detive a analisar essa estória em vários livros.[9] Remeto o leitor para o conto de H. G. Wells, "Em terra de cego", para o *Ensaio sobre a cegueira* de José Saramago, para o mito de Lady Godiva analisado por Freud e para a análise que Lacan faz de "A carta roubada" de E. A. Poe. Como dizia Sêneca, citado por Poe, "Nada é tão prejudicial à sabedoria como a excessiva sagacidade". Ou, como disse Nathalie Heinich, "o imperador está vestido pelo olhar alheio". Enfim, Lacan: "Seria o máximo que poderia atingir o ilusionista: fazer-nos um ser de sua ficção, verdadeiramente".[10]

Michael Graig-Martin, na sua obra em torno do copo d'água e do carvalho, afirmou que sua proeza divergia da lenda antiga. Ele dizia que na lenda do imperador as pessoas alegavam que viam alguma coisa que não estava lá, porque elas achavam que deveriam ver algo, arrematando: "Eu ficaria surpreso se alguém me dissesse que viu realmente um carvalho".

---

9 Ver: Sant'Anna, *A cegueira e o saber*; *Desconstruir Duchamp*; e *O enigma vazio*.

10 Lacan, O seminário sobre "A carta roubada". In: _____, *Escritos*.

Estamos diante de um caso que nos obriga a ver a relação entre *magia, prestidigitação, autoengano, placebo e arte*.[11] À pergunta: "Quando foi exatamente que o copo d'água se transformou em carvalho", ele responde: "Quando eu coloquei água no copo". E à indagação: "Se isso acontece sempre que o enche de água o copo", a resposta é: "Não, claro que não, apenas quando eu tenho a intenção de transformá-lo num carvalho".

Alguém diante dessa "intenção" pode se sentir autorizado a repetir o ditado: "De intenções o inferno está cheio". Alguém talvez pudesse perguntar por que um "carvalho" e não outra árvore. Diz ele ainda: "Há duas formas de crença: a do observador e, a mais importante, a do próprio artista nele mesmo e no que está fazendo". Sintomático que tenha usado a palavra "crença", fazendo supor que está no reino da imaginação, onde tudo é possível. Como se vê, a obra de arte é uma " intenção".

Mas o autor da "transubstanciação" (ou não) da água em vegetal talvez não saiba que Saussure também falava de "árvore" para expor sua teoria

---

11 Sant'Anna, *O enigma vazio*.

sobre o signo. Caso saiba disso, torna-se mais grave sua situação.

Afirma ainda Graig-Martin que levou anos matutando até poder fazer essa operação. Dá o que pensar esse seu esforço filosófico. Eu diria, junto com o Dr. Oliver Sacks,[12] que este é o caso de "pontos cegos cognitivos".[13] Humberto Maturana diria que se trata de um fenômeno de imagem pós-cromática.[14] É evidente que o artista, patrocinado pelo governo inglês, queria ir além de Duchamp dentro de um impulso autofágico da história da arte contemporânea. É importante notar que a obra se compõe de coisas presentes e ausentes. O carvalho está ausente, o copo d'água está presente. E a obra é mediada por um texto, um "diálogo" nomeado de "An Oak Tree" que faz parte da exposição. É a bula a partir da qual se entenderá (ou

---

12 Médico notável no estudo das perturbações mentais, é autor de livros de referência obrigatória também para a compreensão do fenômeno artístico, como *O homem que confundiu sua mulher com um chapéu* e *Um antropólogo em Marte*.

13 Ver Sant'Anna, *O enigma vazio*, p.172-4.

14 Ibid., p.171.

não) o que o artista pretende. E esse diálogo, que poderia lembrar cenas de Ionesco em *A cantora careca*, é parte fundamental da exposição da obra. Sem esse texto ela fica ainda mais impenetrável. Isso faz parte da estratégia da arte conceitual: o principal (ou parte) da obra está fora dela. Na cabeça do autor.

Retomemos, portanto, Saussure e a lógica dos signos. Este introduz em seus estudos linguísticos a noção de *valor*, o que complementa o que ele havia dito sobre a *arbitrariedade do signo*. Com efeito, Saussure adverte que há que diferenciar o *arbitrário absoluto* e o *arbitrário relativo*. A língua, os símbolos e signos estão presos a sistemas. E, saindo do âmbito da linguística, Saussure utiliza curiosamente uma comparação. Diz que num jogo de xadrez alguém pode perder uma peça, o cavalo, por exemplo, mas essa peça pode ser substituída por outro cavalo, que vai ter a mesma função tópica que o primeiro cavalo, o que equivale a dizer que não posso, no jogo de xadrez, substituir um cavalo por uma rainha ou uma torre. Do ponto de vista artístico, isso equivale a dizer que a obra tem a sua verossimilhança interna, existe uma sintaxe e uma semântica em jogo. Os elementos têm uma solidariedade entre si. Cada uma tem sua *função* e *valor*.

E já que estamos falando de ilusionismo, de jogo e de arte, remeto para o que ocorreu com Marcel Duchamp, mestre no jogo de xadrez e no ilusionismo artístico. Como se sabe, Marcel disputou com certo sucesso alguns campeonatos de xadrez. Há até uma foto dele meditativo, diante das peças em jogo. Consta até que ele elaborou peças de xadrez com desenhos diferentes. Faltou observar que Duchamp nunca alterou a ordem dos valores das peças em jogo. Ele, que transgredia regras em arte, seguiu as regras do jogo de xadrez fielmente, porque sabia que havia uma gramática nesse jogo que tinha de ser socialmente seguida, caso contrário ele não poderia disputar partidas e campeonatos. E, paradoxalmente, achava que em arte valia tudo, que não havia regras. Dentro do ilusionismo sociocultural, houve quem seguisse tais princípios até com êxito. De resto, sabe-se que o *histrião persuasor,*[15] usando habilmente seus

---

15 Ibid., p.99.

dotes de demiurgo, conseguiu produzir até uma moeda falsa/verdadeira.

No caso de Graig-Martin, ocorreu de novo a prática da *arbitrariedade absoluta*. Ele ignorou que, de um ponto de vista linguístico, as palavras *carvalho* e *copo d'água* estão presas a outras palavras sistemicamente. Mas, o que não se sustentava dentro do conceito amplo de arte foi um acontecimento na área do marketing, da publicidade, ou na área daquilo que há muito se intitula "sociedade do espetáculo" e da representação. Tal fato demanda uma análise mais acurada que passa ideologicamente não apenas por aquilo que Peter Sloterdijk denomina de "crítica da razão cínica", em sua obra de mesmo nome, mas por uma análise do que chamo de "midiação" – a interferência da "mídia" no imaginário social.

Examinemos, portanto, de fora para dentro, alguns fatores que remetem para o marketing, para a sociologia e para o papel da imprensa nesse fato. Muitas obras insignificantes artisticamente significam muito nessas outras áreas. E uma das questões intrigantes no estudo das artes é a confusão, às vezes impensada, às vezes tolerada, mas quase nunca examinada, dos limites e superposições de disciplinas e campos e atuação.

É relevante anotar que aquela obra e seu autor chegaram ao Brasil em 2003, conforme página inteira no jornal *Folha de S.Paulo*, de 27 de setembro de 2003.[16] A rigor não houve qualquer juízo crítico sobre a obra, que foi simplesmente apresentada por meio de uma reportagem descritiva, como se o jornal estivesse apenas "noticiando" e endossando as falas do artista. A imprensa, como ela própria diz, "repercute" a notícia. É um alto-falante que alardeia o fato. Transforma o espetáculo, o inusitado, o extravagante em notícia, pondo em prática algo que todo jornalista sabe: o excesso, o diferente, o espetacular interessam mais ao público do que a normalidade.

Assim como a reportagem a propósito de Marina Abramovic não era acompanhada de um texto crítico e se limitava simplesmente a descrever o que

---

16 Cypriano, Irlandês Michael Craig-Martin expõe na mostra "A bigger splash". *Folha de S.Paulo*, 27 set. 2003. Ilustrada. Disponível em: <http://www1.folha.uol.com.br/folha/ilustrada/ult90u37271.shtml>.

ocorreu, o mesmo se passou com o caso do copo d'água e do carvalho. Diz a ficha da matéria sobre o artista irlandês que a exposição veio da Tate Gallery em Londres. Por conseguinte, faz parte de um movimento de exportação de um produto, ou seja, da arte feita entre 1963 e 2003 na Inglaterra. E tem o patrocínio de quatro entidades, que devem ser destacadas: Accenture, British Council, HSBC Bank e Sodexho. Logo, é uma arte oficial ou "oficialista", como diz Howard Becker, com o aval do sistema financeiro e político dominante. Tal aspecto deve e pode ser analisado e hoje há um grande número de ensaios explicitando a relação entre a política, o dinheiro e a obra de arte.[17] Em *Desconstruir Duchamp*, estudei como a arte inglesa, com o Prêmio Turner, e especialmente como o publicitário Charles Saatich, dono da poderosa Galeria Saatich (que foi responsável pela eleição de Margareth Tachter), tornou-se figura central na promoção da arte inglesa.

---

17 O livro *Quem pagou a conta? – A CIA na Guerra fria da cultura*, de Frances Stonor Saunders, é um dos muitos exemplos, explicando como a "pop arte" foi beneficiada pelo governo americano.

O fato é que Michael Graig tornou-se famoso por causa desse *copo d'água/carvalho* desde 1974. Ele tem aprovação do "sistema". Foi aceito e recebido com honras não só no Brasil, mas em outros países. Mereceu um espaço destacado na imprensa (um jornal importante) e num lugar nobre, o Pavilhão Oca, no Ibirapuera. Criou-se, em consequência, uma cadeia de significados em torno desse significante, de tal forma que foi apresentado como um valor em si. E não me lembro de ter lido uma só análise de sua obra. Pode ter havido uma ou outra ironia aqui e ali, mas ninguém do "sistema" a afrontou com argumentos ou num debate. Os curadores de exposições e bienais, com seu silêncio, avalizaram, pela omissão, implicitamente a obra. É sinal de heresia dentro do clima religioso e partidário que reveste o sistema chamado "contemporâneo" ser abertamente discordante. Se aquele artista pudesse ser contestado, isso seria uma brecha, poder-se-ia contestar muitas outras coisas. E uma das características do sistema da arte contemporânea é um mecanismo de autoproteção. Pregando o não sistema, ela construiu o seu próprio sistema. Sobre isso, os interessados podem ler, por exemplo, o texto "Gnose iniciatória",[18] onde a sociologia e antropologia ajudam a explicar alguns equívocos da escancarada "sociedade secreta" dos contemporâneos.

Mas é interessante analisar o contexto em que um equívoco se forma. Contextualizando as coisas, elas se esclarecem. E aponto algumas questões que não devem ser ocultadas. Há no espaço social aquilo que em algumas disciplinas sociais se chama de um jogo entre o "ocultamento" e a "legitimação".[19] A linguística trata disso, assim como a psicanálise e a antropologia. Elas analisam também o "não dito", o inconsciente e as estruturas que explicam os mitos. Por tais razões, tenho invocado recorrentemente que é fundamental um estudo multidisciplinar para explicar os mal-entendidos que ocorrem na "arte oficialista".

---

18 Sant'Anna, *Desconstruir Duchamp.*

19 No artigo "Ocultamento e legitimação", que também está em *Desconstruir Duchamp*, faço uma aproximação entre os mecanismos de "deslocamentos/metonímicos" e os de "condensação/metafóricos" de que dão notícia a linguística e a psicanálise.

Ocorreu em nossa cultura algo que não foi ainda analisado e que chamo, como mencionei há pouco, de fenômeno de "midiação". Ou seja, a "mídia" (jornais, revistas, televisão, rádio etc.) serve de elemento informador e conformador da opinião pública. E o que foi publicado acriticamente passa a ter um valor em si. Confunde-se opinião publicada com opinião pública, reportagem com crítica. O *press-release* de um divulgador vira opinião do jornal.

Estamos já nos domínios da sociologia da arte. E outro elemento que catapultou aquele personagem irlandês (além da imprensa) foram as galerias. Com efeito, além da galeria já citada, outras famosas internacionalmente, como Gagozian e Whitechapel, aparecem na biografia de Craig-Martin e exercem papel decisivo nessas questões. Reforça-se o circuito dos significados[20] no qual as galerias têm um papel decisivo.

---

20 Sugestiva uma matéria de Silas Martí na *Folha de S.Paulo* de 6 de abril de 2014, intitulada "Bonitas e bem relacionadas, 'galerinas' viram arma das galerias de arte".

E assim voltamos a questões interessantíssimas que foram abordadas por Pierre Bourdieu: Afinal, quem autoriza quem? Como se forma um autor? Como se faz um artista?[21] Dentro de algumas revistas especializadas em arte, há até anúncio de como fazer para se tornar alguém famoso e respeitável no mercado. Em outros temos, por que manufatura passa o artista no processo até que possa converter um carvalho em água e/ou vice-versa?

A não simetria entre o *copo* e o *carvalho* é uma proposição inviável de ser comprovada. Quem, no outro extremo, trabalha com ciência sabe que as coisas propostas têm que ser comprovadas. Não basta dizer, há que provar. Dirão alguns que arte não é ciência. Claro que não, embora muitos se esforcem para confundi-las. Mas, por outro lado, também não é o lugar onde qualquer coisa é qualquer coisa. Muitos conceitualistas estão fazendo má literatura e má filosofia e arte nenhuma ou arte de baixo índice simbólico. Só se confundem os incautos e os espertos que passam por expertos.

---

21 Ver Sant'Anna, Quem cria o criador? In: _____, *A cegueira e o saber*.

Por isso, certas coisas caem no domínio da **insignificância**. Têm um baixo índice de significação ou não significam nada, são apenas um desencontro dentro do signo. A vaca não dá flores nem fruto, árvore não dá leite nem muge. Quando eu digo "pé de mesa" estou aproximando a ideia de um "pé" da ideia daquilo que mantém a mesa firme. Mas se eu disser "orelha de mesa", não serei entendido ou criarei um ruído desnecessário na comunicação. O signo, como a linguagem, é uma moeda, é um produto social, tem que ser intercambiável. Não posso decretar que uma pedra é ouro. Se todas as pedras fossem ouro, o ouro teria o valor da pedra e a ideia de valor está ligada ao caráter especial do objeto avaliado.

Pode-se perguntar: Se isto é insignificante, por que o jornal se ocupou do fato? Primeiro, há que observar que os jornais erram e acertam, seus redatores são membros de uma cadeia de significantes. E ali faltou um juízo crítico que acompanhasse a reportagem. Ademais, hoje predomina a ideologia do espetáculo: tudo que é "diferente", "novo", "transgressor" ou "alarmante" é notícia. O "normal" não é notícia. E sobre "transgressão" há uma série de mal-entendidos. É uma indústria, tem vínculos com a modernidade e a pós-modernidade, e eu já propus que se fizesse o "museu da transgressão".[22]

A crise de julgamentos

A definição de *arte* e suas correlatas *antiarte* e *não arte* entraram numa crise por causa de duas modificações estruturais. Colocou-se em questão tanto o *sujeito* quanto o *objeto* artístico.

Dito de outra forma: a crise do sujeito tornou-se oficial quando se aceitou que toda e qualquer pessoa é artista. Mas, além da crise do sujeito (o artista) houve a crise do objeto (arte): tudo é permitido. Não há lugar, nem material específico. Tudo pode ser convertido em arte. Em princípio está certo. É óbvio que houve um ganho, um avanço enorme nesses domínios. Mas, em contraposição, a arte e suas correlatas *antiarte* e *não arte* enfrentam uma crise sem precedentes pelo alargamento das fronteiras e invasão de outros domínios. Cla-

---

22 Idem, *Deconstruir Duchamp*.

ro que há um paradoxo central nisso que a lógica, como parte da filosofia, se encarrega de esclarecer: pois se todos são artistas e tudo pode ser convertido em arte, então a arte não existe.[23] E se essa coisa heterogênea chamada arte (contemporânea) não existe, é pertinente perguntar: por que há tantas bienais, tantas galerias e tantos curadores para uma coisa que não existe? Trata-se de um dos *oxímoros paralisantes* da epistemologia atual.[24]

Não estranha, em consequência, que aí haja espaço para tudo, inclusive para a **insignificância**. Do ponto de vista epistemológico, diria, com alguma ironia, que esta posição confunde o objeto achado com o sujeito perdido.

Wladyslaw Tatarkiewicz, em sua *História de seis ideias: arte, beleza, forma, criatividade, mimese e experiência estética*, além de repassar como esses conceitos foram estabelecidos e como vieram se modificando, pontua um aspecto intrigante e sobre o qual não podemos deixar de pensar. Ele aponta que durante 2.400 anos, desde o classicismo grego ao

---

23 Analisei tal paradoxo em *O enigma vazio*.

24 Ibid., p.262-5.

romantismo, houve o predomínio do que chama de "a grande teoria". As palavras que estão no título de seu ensaio – "arte, beleza, forma, criatividade, mimese e experiência estética" – deixaram de ser questões que preocupam os artistas e teóricos siderados pela arte oficial. Em síntese, é como se disséssemos que a mudança de paradigmas fez que o *desvio* virasse *norma*. Pode-se dizer que chegamos ao oposto do que havia antes, como se qualquer teoria ou conceito fosse válido por si mesmo. Pode-se dizer que se chegou também a "teoria nenhuma", com a afirmação jubilosa (e falsa) de que tudo se equivale, todos são artistas e tudo é arte.

Não estranha, assim, que, tendo se decomposto o *sujeito* e o *objeto*, a crítica e a teorização sobre as artes tenham também entrado em crise. Como compreender algo que não tem fronteiras e, segundo alguns mais extremados, nem existe mais? Nesse sentido, para economizar argumentos e ir direto ao fulcro da questão, é bom lembrar uma frase de Duchamp esquecida por muitos: "É preciso acabar com a arte antes que seja tarde". A frase é radical. Podemos entendê-la como uma de suas *boutades*, um dos seus axiomas ou silogismos, ou encará-la como uma proposta, como algo que merece análise.[25]

O fato é que há uma perplexidade que se manifesta em relação à arte oficial de nosso tempo e que passa por pessoas de certo prestígio: Paul Valéry, André Gide, Eric Hobsbawm, Mircea Eliade, Pierre Bourdieu, Lévi-Strauss, Jean Baudrillard, Edward Wilson, Fredric Jameson, Rudolf Arnheim, Nathalie Heinich, Theodor Adorno, Howard Becker, Zygmunt Bauman, Paul Virilio e dezenas de outros pensadores.[26] Representam olhares de disciplinas diversas. Não são "forasteiros",[27] não são incultos, são homens e mulheres de seu tempo. E ler o que disseram autoriza uma pesquisa

---

25 Ibid.

26 Cresce espantosamente a bibliografia a esse respeito em vários países. Gastaríamos muito espaço citando-a, mas isso nos faz pensar na exaustão de um certo paradigma que pautou a moderna contemporaneidade.

27 Foi a acusação de "forasteiro" que os que estão comodamente instalados na arte contemporânea lançaram contra mim em 2002. Ver a resposta "O forasteiro e a cidadela", em *Desconstruir Duchamp*, p.133.

mais profunda em torno das "insignificâncias" expostas aos nossos olhos.

Não sou, desse modo, o único nem o primeiro a apontar certas coisas. André Gide, por exemplo, disse diretamente: "A arte de século será conhecida pela sua insignificância". O que ele não fez, e esta é a minha possível contribuição a esse debate, foi construir modelos explicativos da existência de tanta *insignificância* na cultura atual. Gide disse-o criticamente, mas Duchamp o disse cinicamente ao se referir de outra forma à **insignificância** da arte de nossa época, que ele ajudou a parir ("Este século é um dos mais baixos na história da arte").

Seguindo tal trilha, a biografia recente de Damien Hirst faz o mesmo jogo duchampiano: ele se confessa não só vítima do mercado, mas faz de algum modo uma denúncia do sistema. Há um pressuposto em seu gesto: ele se confessa, logo é vítima, é um inocente, como se bastasse alegar a "causa", o "móvel" do crime, para o crime deixar de existir. Em sua exposição em São Paulo, em 10 de novembro de 2014, diz Hirst: "Quero enganar as pessoas, quero que pensem que estou dizendo alguma coisa quando na verdade são elas que dizem com a intepretação que fazem". E revela que, tendo ganhado muito dinheiro, quer agora ser artista.

É preciso ler as autocríticas (de Duchamp ou Damien Hirst) como uma estratégia retórica e, até, jurídica. Mais do que espertas, são cínicas. E esse cinismo típico do comportamento artístico contemporâneo foi enfocado de maneira diversa por vários autores. Ou seja, sem um estudo da ideologia que envolve o comportamento oficial da arte contemporânea, não se entenderá a questão. A arte não pertence mais à "grande teoria", saiu do campo artístico, diluiu-se no que chamamos de *anomia* (termo a que me voltarei melhor no momento apropriado).

O fato é que estamos diante de um desafio que a crítica usual de artes plásticas não é capaz de resolver sem o concurso de outras disciplinas. A alteração no sujeito e no objeto (artístico, antiartístico, não artístico) incita novas cogitações. Algumas delas aí estão: não havendo delimitações de terreno, artistas se arvoraram em filósofos, *marchands* e curadores interferiram na criação e o mercado passou a ser a superestrutura inquestionável. Se isso pode ter por um lado um aspecto novo e regenerador, por outro exige instrumentos novos para ser compreendido. No entanto, forçoso é reconhecer que alguns críticos se acham tão perdidos quanto cegos em meio a um tiroteio.[28] Hoje os pensadores começam a perceber que o trabalho tem que ser em conjunto, tanto quanto multidisciplinar. Os cientistas têm prática disso e em nossos dias um pensador como Bruno Latour (*De L'Univers clos au monde infini*) está trabalhando com uma equipe multinacional para repensar a tecnologia, a ecologia e o sistema filosófico. Já se foi o tempo em que uma pessoa sozinha se arrogava o direito de fornecer uma interpretação do conjunto, hoje o trabalho é coletivo.

Entrando diretamente na parte que nos interessa agora, diria que, como a arte invadiu outros

---

28 Veja-se a polêmica entre o crítico Mário Pedrosa e Nelson Leirner, em que o artista, tendo sua obra *Porco empalhado* aceita para a Bienal de Brasília (1967), questionou o júri e o crítico sobre quais teriam sido os critérios utilizados para que ele fosse aceito. O episódio ficou conhecido como "*happening da crítica*". A resposta de Mário Pedrosa, em que pese seu prestígio e obra, deixa muito a desejar.

espaços, propõe-se aqui um movimento igual e complementar. Que as outras disciplinas venham ao terreno das artes para esclarecer aspectos que a teoria estética não tem como resolver nem como problematizar. Enfim, outros olhares, outras experiências. Volto a insistir na necessidade da interferência de outras disciplinas nessa área porque elas têm instrumentos capazes de esclarecer certos mal-entendidos e, em última instância, as **insignificâncias**.

Baixa ou nenhuma densidade simbólica

Max Bense seguiu a trilha do matemático George D. Birkhoff procurando uma fórmula de medir o nível de informação estética de uma obra. Como provinha de ligações com a matemática, concluiu que a estética era ligada de alguma maneira à precisão. Era, evidentemente, uma distorção racionalizante. A arte pode ter ligação com a matemática, mas não pode ser subordinada a cálculos. Há, sabidamente, matemática nas composições de Bach, mas Bach não pode ser explicado pela matemática (apenas).

Nos anos 1960 a cibernética esteve em voga entre os intelectuais e artistas. Vivíamos uma espécie de neovanguarda retomando a paixão (ideológica) pela máquina do princípio do século XX, quando, por exemplo, com Corbusier, se havia chegado até a falar na arquitetura como uma "máquina da morar".[29] Como no modernismo e futurismo, de novo ressurgiu na metade do século XX a veneração pelo mecânico, porém de forma mais atualizada, falando-se em cibernética e outras variantes construtivistas. A consciência ecológica que surgiria pouco depois tentaria, no entanto, corrigir esse exagero, denunciando essa veneração pela máquina e os horrores da poluição. Começa aí a revisão do modernismo.

Na década de 1960 a "teoria da informação" ganhou espaço nas universidades e jornais. Falava-se de Abraham e Charles Morris. O valor do intelectual era medido pela sua integração com aqueles princípios. Lia-se muito Umberto Eco e

---

29 Em 2015, a partir de uma retrospectiva de sua obra, surgiu um movimento de revisão de Corbusier e de suas ligações com o nazismo.

falava-se de "obra aberta". O esquema teórico e pedagógico pressupunha um "receptor", um "emissor", a "mensagem", e falava-se de "código" (= "sistema de obrigações"), de "repertório". Em todas essas elucubrações teóricas havia um fato comum: a tentativa de diálogo entre duas fontes de signos, o *emissor* e o *receptor,* ou seja, o problema da *comunicação.* É preciso ressaltar, contudo, que a " teoria da informação" surgiu também como sintoma. Retratava também a necessidade de aclarar o caos e os ruídos.

É imperioso, porém, recuperar a informação que vem de outros tempos. Linguistas e teóricos, é verdade, interessaram-se pelo signo, pelo índice, pelo ícone e pelos símbolos em geral. Mas é sempre instrutivo voltar ao sentido original da palavra *símbolo*, termo que sugere um acordo, um *pacto*. Um pacto tem que ser analisado, e não simplesmente aceito. Pacto é um termo relevante, posto que a sociologia e a antropologia (Émile Durkheim) têm algo a ensinar aos artistas a esse respeito.

Ora, segundo a etimologia, o símbolo originalmente era uma plaqueta de barro, de metal ou de marfim que podia ser partida em duas. O hospedeiro dava ao seu hóspede uma parte e guardava a outra. Assim, quando o hóspede retornasse, seria reconhecido, ao se ajustarem os dois pedaços. Também se dizia que os filhos do hospedeiro participavam desse ritual, o que faz crer que era um saber que passava de geração para geração. Há, por conseguinte, um pacto entre o emissor/hospedeiro e o receptor/hóspede. É um gesto familiar e social, de um reconhecimento mútuo que dispensava a ida a tribunais.

Pois a modernidade e a contemporaneidade caminharam no sentido de *dessimbolização do símbolo*. É como se qualquer hóspede pudesse regressar ou surgir impromptamente e ocupar, de modo legítimo, um lugar na casa, mesmo se o tablete que traz consigo não se case com o que ficou na mão do dono da casa. Ou seja, rompeu-se o valor do signo e do significado. Qualquer pessoa pode se hospedar quando quiser e se quiser na casa do outro, porque a casa do outro é de todos. Já não seria necessário completar, ajustar a metade de uma plaquinha à outra. Como utopia, maravilhoso. Como prática social, um desastre.

Houve uma ruptura dentro do signo. O que antes era uma solidariedade entre dois elementos que se complementavam passou a ser algo dispensável. Isto é, o significante não tem nada a ver com o significado. E não havendo essa simetria entre eles, o significado passou a ser totalmente arbitrário. Esse deslizamento, agora não do significante, mas do significado, trouxe, como não podia deixar de ser, uma série de *ruídos* e de mal-entendidos na comunicação; até ao ponto em que se possa dizer que uma *árvore* e um *copo d'água pela metade* são sinônimos.

Tal processo leva a algo que defino como *anomia*. Para se aprofundar nesse assunto, leia-se basicamente o que Durkheim escreveu em seu livro *O suicídio*, ou o estudo de Robert King Merton, *Estrutura social e anomia*. O dicionário, sucintamente, tem algo a nos dizer sobre o sentido dessa palavra. Assim como a etimologia de "arte" não é aquela fornecida por Duchamp (ele diz que é "agir", quando a etimologia correta é "fazer"), a origem do termo *anomia* aproxima *arte* e *símbolo*. *Anomia* é um termo que atravessa vários ramos do saber, sempre significando falta de normas. Psicologicamente, é a incapacidade de usar as palavras com propriedade (o que leva a confundir "árvore" com "copo d'água"); socialmente, é o estado sem leis vigentes e confusão generalizada. Enfim, é a impossibilidade de categorização, de estabelecer paradigmas, de catalogar. Por essa razão, pode-se dizer que a anomia é um dos traços da cultura contemporânea, que nisto encontra algum prazer ao ler equivocadamente o clássico de Freud, *O mal-estar na civilização* (1930).

E ao dizer essas coisas, estou já estendendo minha análise para o terreno da semiologia. Não se pode analisar a *anomia* que caracteriza alguns setores das artes atuais sem ver os vínculos que ela tem com a anomia social. Arte e sociedade não são dois elementos separados. Cada cultura produz ou secreta a arte que lhe é correspondente dentro de um quadro específico. E o artista dá sua resposta a esses sintomas. Não se pode pensar a "arte contemporânea" na Idade Média e vice-versa. Vivemos num mundo onde as hierarquias e as categorias são postas em cheque. E na sociedade digital que ganha cada vez mais espaço, o virtual, aquilo que se chama *avatar* ou *second life*, transforma-se em *primeira vida* e *personagem real*.

Os três volumes de Ernest Cassirer que compõem sua *Filosofia das formas simbólicas* põem por terra todos os epigramas e *boutades* de Marcel Duchamp, que estão longe de ser um pensamento filosófico consistente. As frases de efeito de Duchamp – seus sofismas sedutores – encantam apenas os risonhos apressados. Já em Cassirer há um pensamento elaborado sistemicamente.

Qualificando o homem como "animal simbólico", ele se opõe à superficialidade da modernidade e estabelece laços entre o mito, a religião, a arte, a ciência e a história. Já aí há algo relevante. Ele opera pela junção convincente das partes, ao invés de fazer o elogio da fragmentação. Isso é buscar a sistematicidade até no que não é sistemático. Nem preciso evocar o pensamento de Heidegger que advoga que a obra é uma "reunião relevante" e não um punhado de coisas ao acaso.[30]

Os sistemas simbólicos permeiam a vida dos primitivos e dos civilizados. O que Cassirer não

---

30 Em *Drummond, o gauche no tempo*, utilizo alguns conceitos de Heidegger, pensando a obra como "logos", como "reunião".

estuda diretamente é por que a modernidade resolveu esvaziar os símbolos até chegar à insignificância. Há modernamente um certo fascínio pelo "neutro" (Barthes) e pelo "indiferente" (Duchamp). Como se sabe, ao contrário das teorias em seu louvor, a indiferença não existe nem na natureza nem na cultura e o neutro não é neutro, mas uma resultante ideológica.

Da insignificância ao lixo

De uns tempos a esta parte tem sucedido repetidamente uma confusão entre obra de arte e lixo.[31] No entanto, a questão tem dois lados. Consideremos que há realmente um tipo de obra que opta por reciclar materiais descartáveis. Nesse caso, os autores dedicam-se a utilizar detritos e restos, elementos considerados pouco nobres em suas obras. Isso pode ter nomes variados e que cobrem uma gama de designações que podemos colocar sob o título de *arte povera*. Pode-se fazer arte com esse material descartável, imundo e inusitado, depen-

---

31 Ver Gardner, *Cultura ou lixo*.

dendo sempre da competência do artista. O que é diferente de dizer que qualquer lixo é arte. Pode ser uma proposta determinada que tem seu lugar como opção e prática artística. Às vezes ocorrem obras surpreendentes e autênticas. Mas encher uma galeria de arte com o lixo de um caminhão pode ser considerada apenas uma insignificância a mais.

Há, convenhamos, um segundo tipo de obra que dialoga de maneira insólita com o lixo, embora os autores não tenham pensado nisso. Refiro-me àquelas obras que não *saem* do lixo, mas *vão parar no lixo* devido à interpretação que alguém lhes dá.

Trata-se de um capítulo importante da **insignificância**, que deveria interessar à teoria da recepção. É um desdobramento do alargamento de fronteiras entre o artístico e não artístico, o que faz que o espectador, se não for advertido, não saiba como lidar com o material exposto.

Volta e meia os jornais noticiam algo do gênero. Até se poderia fazer uma antologia desses *equívocos*; e essa antologia seria importante para a história da arte. Já virou até *lenda urbana* os episódios em que o objeto, tido como artístico pelo autor, confunde-se de tal modo com objetos sem significado algum pelo receptor que é ignorado ou jogado na lixeira. Tomo, aleatoriamente, algo que apareceu no noticiário da UOL na internet enquanto eu escrevia este ensaio:

Uma obra de arte de Paul Branca feita de papelão e jornais velhos cobertos por farelo de biscoito foi jogada fora da galeria de arte Sala Murat, no sul da Itália. Uma representante da empresa de limpeza Chiarissima declarou que a faxineira estava apenas "fazendo seu trabalho". A obra que foi parar no lixo era avaliada em 10 mil euros, mais do que R$ 30 mil.

De acordo com a BBC, a ausência de pedaços da instalação foi notada pela segurança da galeria. "Ficamos tristes pelo que aconteceu", disse Antonio Maria Vasille. "Está claro que o faxineiro ou faxineira não sabia o que estava jogando fora ou do seu valor. Mas isso tem tudo a ver com os artistas, que têm aprendido a interpretar o significado de arte contemporânea, que é interagir com o ambiente", contou.

Uma apólice de seguro irá cobrir o prejuízo.

Ainda de acordo com a BBC, em 2001, uma exposição do festejado artista britânico Damien Hirst foi "limpada". A equipe de limpeza confundiu a exposição, que tinha lixeiras cheias e garrafas vazias de cerveja, e acabou jogando tudo fora.

Em 2004, uma sacola de papel e um pedaço de papelão criados pelo artista alemão Gustav Metzger foram jogados fora de uma vitrine na galeria Tate, na Inglaterra.[32]

O faxineiro é, na verdade, apenas o agente, cujo comportamento reflete o pensamento oculto do grande público. Daí a celeridade e popularidade de notícias semelhantes, que são a maneira crítica, embora apenas irônica, de muitos demonstrarem que há um abismo entre o que se expõe e o público.

Dir-se-ia que este é preço que o autor paga por sua proposta de insignificância plenamente atingida.

---

32 Da redação, Faxineiro de galeria confunde arte com lixo e joga obra fora, *Portal Vírgula*, UOL, 27 fev. 2014. Disponível em: < http://virgula.uol.com.br/diversao/faxineiro-de-galeria-confunde-arte-com-lixo-e-joga-obra-fora/>.

Assinatura e anonimato

Depois que se decretou que arte era tudo aquilo que alguém chama de arte (como se qualquer jogador equivalesse a Pelé, Maradona ou Messi) e que Duchamp inventou uma falsa etimologia para "arte",[33] coube a Andy Warhol afirmar que no futuro todos teriam seus quinze minutos de glória.

São duas afirmativas conflitantes e cinicamente complementares. Enquanto Duchamp pregava de forma implícita o reino da insignificância dizendo claramente que, ao contrário da tradição, a obra deveria ser "indiferente",[34] ou seja, não causar nenhuma reação, Warhol concluiu o contrário: a banalização teria chegado a tal endeusamento que todas as insignificâncias teriam quinze minutos de glória, pois o mecanismo da glória estava fora do estético e do artístico, mas na sociedade de consumo, na "fábrica que produzia seus ídolos provisórios".

---

33 Duchamp diz que a etimologia de "arte" é "agir", quando ela é "articular", reunir o significado. Ver Sant'Anna, *O enigma vazio*, p.217-20.

34 Ver ibid.

Novo passo, porém, foi dado nessa transgressão sempre aceita pelo sistema. Em Frankfurt, o Museu Schirn anunciou a exposição que contraria (e complementa) a frase de Warhol, intitulada: "No futuro ninguém será famoso".[35] Como se vê, é uma referência direta ao pensamento de Warhol, só que de cabeça para baixo, invertendo-o e até o desafiando. A afirmativa da exposição no Museu Schirn, no entanto, padece de verdade, pois na pós-modernidade a fama é comprada, negociada, o que a torna ao alcance de quem pode manipulá-la. Recentemente a imprensa noticiou que é possível comprar seus "seguidores" na internet e que este é um mecanismo de se produzir celebridades.

E aqui voltamos à ideia de um trabalho interdisciplinar. E mais: à necessidade de mudar a metodologia no estudo da arte. O trabalho transdisciplinar, por exemplo, fará que certos aspectos que eram nebulosos fiquem mais esclarecidos. A

---

35 Bittencourt, Museu alemão mantém artistas no anonimato. *Folha de S.Paulo*, 3 dez. 2006. Ilustrada. Disponível em: < http://www1.folha.uol.com.br/fsp/ilustrad/fq0312200623.htm>.

luz pode vir de uma disciplina conexa, já que a estética se julga impotente diante das obras e foi desqualificada por alguns contemporâneos. E sobre isso é relevante notar, paradoxalmente, que muitos se deixaram aprisionar pela fantasia de liberdade total. Esta não é mais uma questão artística, mas filosófica.

É legítimo perguntar se não seria possível entender a história da arte de nosso tempo de outra maneira que não seja simplesmente essa *sucessão* de manifestos, essa *linearidade*, essa *evolução*, enfim, essa diacronia de formas e propósitos. Pode-se perguntar se a *ruptura* que cada nova escola propõe não estaria dentro de um quadro maior que explicasse por que no século XX a ruptura foi uma palavra de ordem. Estudar a razão das rupturas é uma tarefa epistemológica e exige entrada em terreno de outras disciplinas.[36] É curioso indagar por que o século XX decretou a morte de tantas coisas ao mesmo tempo que foi palco de tantas guerras de extermínio. Tentei entender isso em *O enigma vazio*.

---

36 *Os filhos do barro*, de Octavio Paz, trata amplamente da questão.

E se olharmos o grande exemplo do Renascimento, veremos que aquele foi um instante em que a interdisciplinaridade era a norma. Um pintor era arquiteto, urbanista, matemático, poeta etc. Leonardo da Vinci nos é apresentado como a súmula de quem uniu arte e ciência. Hoje o ilusionismo e o cinismo substituem a competência. E o marketing faz o resto.

Mesmo recentemente, aconteceu mais miudamente, em torno dos anos 1950, um salto qualitativo na percepção do mundo, na medida em que filósofos, artistas, antropólogos, linguistas, psicanalistas e teóricos da comunicação se deram as mãos em torno de outra episteme, daquilo que se convencionou chamar de outro *corte epistemológico*.[37] E assim como não podemos jogar fora a Renascença e outros momentos importantes da história da arte, como queria Marinetti (que tentou queimar o Louvre), nada nos autoriza a dispensar as contribuições recentes. O esforço, por

---

37 Termo derivado de Gaston Bachelard, que pode ser associado à questão da mudança de paradigma de Thomas Kuhn.

conseguinte, é resgatar o que há de útil no aprendizado alheio.

Coda

Enfim, há que estudar e rever a **insignificância**. Ela está nos dizendo algo, confusamente. Como diz Heidegger, citando Parmênedes, há uma diferença entre *logos* e *glosa*. Esta é próxima do *sintoma*, enquanto aquela é reunião relevante.

A função da crítica e da análise é aclarar os enunciados extraindo o dito do não dito. Assim como a linguística, outras disciplinas têm uma contribuição a dar. Urge um novo método de leitura das obras de artes produzidas em cerca de cem anos de elucubrações. É possível ler a história da arte recente de outra maneira, procurando as invariantes que atravessam os manifestos e intenções até que se localize a estrutura ideológica e estética que impulsiona o nebuloso ato criador.

Novo método

Novo método

Procurando outro método

Diria que há duas estratégias necessárias para rever o que ocorreu com as artes nos últimos 100 e/ou 150 anos. Uma *estratégia é externa*. Consiste em perguntar às disciplinas várias o que elas têm a dar ou dizer sobre as teorizações e a prática da arte. A segunda operação é *interna*, seria tentar ordenar o que está oculto e que surge como sintaxe, nexo ou sentido na produção artística.

Trata-se de fazer uma operação que procura a *estrutura* dos fatos e movimentos. É necessário ir atrás das *variantes* que constituem o(s) *modelo*(s) da arte de nosso tempo. A estratégia estrutural é bastante útil para sacar a estrutura não vista ao primeiro olhar. Procuram-se aí os elementos inconscientes (ou pelo menos não visíveis) que sustentam toda a prática artística. São uma espécie de gramática, de nexo de partes que parecem soltas à primeira vista. Ao contrário do que se pensa, o caos aparente, a desordem e a multiplicidade têm uma certa ordem. Trata-se de localizar os procedimentos mais comuns, digamos, as *constantes* que armam a estrutura da produção artística.

Aqui é onde a contribuição da linguística e da antropologia se encontram em benefício da história da arte. E chega a ser estranho que isso não tenha sido tentado antes. O mesmo Ferdinand de Saussure que criou a fecunda teoria dos *signos: significado + significante* desenvolveu também dois instrumentos teóricos que podem ser aplicados para se entender melhor o que ocorre no campo artístico. Refiro-me aos conceitos de *diacronia* e *sincronia*. São conceitos simples. A diacronia diz respeito ao tempo, à sequenciação linear dos fatos, obras e autores. A sincronia destaca aspectos tópicos, isola elementos para um estudo mais particularizado.

Até aqui não haveria qualquer novidade. Na história da arte esses dois aspectos são estudados com certa naturalidade, ora dando-se mais ênfase a um, ora a outro. A maioria dos manuais e dos livros de história da arte concentra-se numa espécie de evolucionismo. Ideias de causa e efeito, antes e depois, ação e reação, ou tese e antítese (e síntese), conforme o pensamento hegeliano. É assim que a metamorfose dos "estilos de época" se deu sequencialmente na Idade Média, Renascimento, Barroco, Classicismo, Romantismo, Realismo, Impressionismo, até que na Modernidade começou a ocorrer uma simultaneidade (que tem também sua estrutura).

Mas nesse tipo de estudo convencional e até hoje usado, há um problema. Concebe-se aí a *história como uma flecha,* do princípio para o fim, do gênesis para o apocalipse.[1] E esse é o problema da vanguarda que se considera a parte privilegiada do exército e, por isso, pensa de forma linear. Exata-

---

1 Ver o ensaio de minha autoria *O que aprendemos até agora*, originalmente uma aula inaugural em várias universidades brasileiras.

mente como a doutrina cristã e a doutrina marxista que descreviam o trajeto do inferno do trabalho ao paraíso angelical de uma sociedade sem classes.

Sabemos, no entanto, que hoje é ingênuo conceber a história dessa maneira. É desconhecer a contribuição tanto da física antes e depois de Einstein, quanto da antropologia de Lévi-Strauss. Até mesmo a ideia de *vanguarda* é antiga – e equivocada. O termo "vanguarda" vem da área militar, como sabe qualquer estudante de estética.[2] E isso tem lá seus inconvenientes, ao demonstrar que a vanguarda foi uma ideologia de época; a tática de guerra hoje não é mais a que era no século XIX ou XX. Soldados foram substituídos por robôs e drones, o combate se dá em outros níveis e falar de vanguarda é sinônimo de não entendimento da complexidade das lutas ontem e hoje (dentro e fora da arte).

Tentando ser ainda mais objetivo, estou dizendo que temos que convocar alguns elementos *externos* que foram internalizados pela prática

---

2 Ver Sant'Anna, Aspectos sociológicos e antropológica das vanguardas. In: _____, *Que fazer de Ezra Pound.*

artística, na medida em que a arte se expandiu e ocupou outros domínios conexos. Trata-se por isso de uma operação legítima de recuperação de espaço e reimplantação de significados. Houve não só uma ruptura dos limites entre *arte, não arte e antiarte*, mas uma superposição de elementos que pertencem a séries diferentes e que a crítica tem obrigação de aclarar.

Aqui evidentemente tocamos num ponto nevrálgico: a relação entre crítica e objetividade. A crítica não é uma simples paráfrase. O melhor crítico é aquele que faz algo que o artista e o cientista também fazem: ele dá a ver o fenômeno artístico de outras formas. Quando Freud elaborou o conceito de inconsciente, ele nos fez ver algo que não víamos antes. Quando um cientista cria uma fórmula ou equação, nos ajuda a entender melhor certos fenômenos.

Nisso a crítica se aproxima mais da ciência, embora tenha parâmetros diferentes. Note-se que estou dizendo "aproxima-se", e não afirmando que são idênticas. Por isso é imprescindível a estratégia de aproximação, agora com outras disciplinas, o que nos levaria a considerar alguns itens sobre os quais tenho me detido e que aqui seguem como exemplo.[3]

Esses itens, que remetem para *fora*, foram trazidos para *dentro* das artes. Dar-lhes o lugar que merecem aclara o que a estética clássica, com seus conceitos de *belo* e *feio*, não pode analisar. Mais ainda: nos dá elementos para entender a *não arte* e a *antiarte*, possibilitando circunscrever-se com mais nitidez o que era simplesmente *anomia*. Muitos se confundiram com a proposição pela qual a arte era a terra de ninguém, em que tudo se equivaleria e bastava que alguém fizesse uma declaração autocrática, personalista e narcísica para que a fala justificasse a obra. Declarar que qualquer coisa é arte é uma estratégia discursiva, e como tal pode ser desmontada pelo discurso crítico.

Trata-se, uma vez mais, de descobrir instrumentos outros que deem conta da complexidade dos problemas. Aqueles citados itens comportam,

---

3 Em *Desconstruir Duchamp*, tratei de vários desses temas e problemas, como: ocultamento/legitimação, pacto artístico, repetição, autoengano, marketing, valor estético e medida, arte como função etc.

obviamente, subdivisões, desdobramentos. Cada um deles mereceria um longo ensaio de aproximação. É o primeiro movimento ilustrativo de um longo processo de reanálise das obras. Depois, então, de usá-los, veríamos como muita coisa que colocamos no espaço do artístico pertence predominantemente a outros domínios que estão mesclados com o artístico e que reaparecem como fantasmas, acabando nos museus, coleções, fundações e galerias. É uma espécie do famoso *retorno do reprimido*. Não estou defendendo uma suposta "pureza", mas ressaltando os elementos vários que entram na elaboração do produto artístico. Como na química, porém, é preciso ver a identidade, a propriedade dos elementos, para ver como reagem. É preciso estudar essa simbiose por dentro e não por fora, e entender por que em certo momento o dentro e o fora se confundiram.[4]

---

4 Jacques Derrida nega os pares, os quais, segundo ele, constituem os pilares da "metafísica ocidental"; assim, afirma que não existem esquerdo e direito e que as botas pintadas por Van Gogh podem ser tanto pés esquerdos ou dois pés direitos. Ver Sant'Anna, *O enigma vazio*.

Um exemplo externo: as Santas Relíquias

À guisa de exemplo me referirei a um caso específico. Vejamos a relação entre *santas relíquias* e *marketing*[5] e como isso afeta a interpretação de obras contemporâneas. Aí está a junção não só da *religião* e da *arte*, mas daquilo que a antropologia pode, com mais propriedade, nos dizer. Inicialmente, adianto que estou juntando algo antigo e algo moderno, ou seja, a religião e a venda da imagem na modernidade e pós-modernidade. Estamos, portanto, entrando na área do marketing moderno e em suas relações com o mundo artístico. E aí se verá como as coisas se superpõem e podem ser separadas pela análise interdisciplinar.[6]

---

5 No livro *Desconstruir Duchamp* dou exemplos de como outras disciplinas contribuem para o objeto artístico.

6 O caso da artista Marina Abramovic citado anteriormente cai neste caso. Lembra os seguidores de Jesus Cristo querendo tocar a fímbria de suas vestes. Na modernidade, em que há o culto da personalidade do superstar, avizinhar-se, tocar, tirar uma foto com uma celebridade é algo que a socioantropologia pode estudar.

Vamos a um caso concreto – e vou ser sintético, embora o caso merecesse um longo ensaio. O pintor alemão naturalizado brasileiro Hans Etz contou-me que em Dusseldorf viu Joseph Beuys expor sardinhas dependuradas em fios como sendo uma obra de arte. As pessoas as compravam e as comiam, e a obra se completava depois, quando colocavam as espinhas do peixe num papel autografado por Beuys. Até aí estamos no domínio da **insignificância**.

Mas imaginem que, em 1989, três anos depois de sua morte, algumas galerias de Nova York resolveram mostrar obras e relíquias daquele que se dizia xamã e era de certa maneira um gênio da comunicação. Uma das galerias, a Ronald Feldman, exibiu (para os devotos) uma coleção de *santos* e *adoráveis* objetos pertencentes àquele artista. Aí, como assinalou James Gardner, havia um material heterogêneo que ia desde um velho exemplar do *Wall Street Journal*, duas cabeças de veados, sem falar em pedaços de unhas cortadas dos dedões dos pés desse gigante da modernidade.[7]

---

7 Sant'Anna, Marketing das santas relíquias artísticas. In: _____, *Desconstruir Duchamp*, p.159.

Trata-se de um fato que poderíamos dizer que pertence mais ao tópico das *santas relíquias* do que à arte. É o caso típico de deslocamento. Além de ser um precioso depoimento sobre as insignificâncias em arte, constitui um tema que interessa à antropologia e à religião, mais que à arte. Não esquecer que num leilão em Paris, como lembra James Gardner, um pedaço da cruz de Cristo custava 18 dólares, enquanto o bule usado por Cris Burden numa instalação valia 24 mil dólares.

Há que lembrar como, entre nós, a Igreja Católica tratou as *santas relíquias* (e bibliografia sobre isso não falta). As biografias são divinizadas, inventadas, os objetos viram fetiches e a imaginação sobreleva à realidade. É um impulso normal de nossa mente, como alertou Lévi-Strauss, que age primitiva e selvagemente produzindo mitos. Na área das artes, certas exposições exploram ao seu modo esse toque antropológico. Entrar em certos museus e galerias é entrar em área sagrada. E quando a moderna contemporaneidade tenta dessacralizar, demolindo as instituições e referências, por outro lado acaba por reinstituir o sagrado no profano. E o ritual sacralizador ali está.[8]

---

8 Jean Clair em "De Immundo" (Galilée) trata desse assunto.

Não se pode estudar a arte contemporânea (e a antiga) sem estudar os ritos e mitos. Como diria o sumo sacerdote da moderna contemporaneidade, Marcel Duchamp: "Eu joguei o urinol na cara deles e agora eles o admiram como obra de arte".

Há um elemento importante quanto à obra de Beuys, que tem tudo a ver com esse tópico. Ele gostava de ser tido como "xamã", o que é um elemento (antropológico) importante em sua obra & vida. Chegou a fazer uma obra onde colocou um coiote ao lado de um manto de feltro, juntando o animal mítico dos índios americanos à lenda do feltro em que o envolveram depois da queda de seu avião.

Na internet pode-se ver um vídeo de Martino Nicoletti sobre isso. Ouve-se o tempo todo uma música de fundo indígena, pretendendo transferir para Beuys o valor de xamã. A música ou instalação afirma, diz, cola um significado. Beuys (seria) um xamã da pós-modernidade.

No entanto, essa alusão não tem nada a ver com o xamanismo. É fácil desmontá-la. Deixando de lado uma experiência pessoal do conhecimento que tive diretamente com xamãs e que foi relatada no "quase diário" e em crônicas quando os índios xamãs Roani e Sapaim foram convocados para limpar e curar o corpo do ecologista Ruschi aos olhos da imprensa internacional no Rio; deixando essa experiência e o fato de ter ouvido de Sapaim como ele se transformou em xamã, a propósito de Beuys é necessário trazer à tona alguns aspectos falsos e contraditórios de sua biografia.

Como demonstrou Julian Spalding, em *The Eclipse of Art*, a biografia miticamente construída de Beuys é recheada de falsidades. Ele dá como exemplo a propalada história sobre o avião de Beuys que teria sido abatido na Crimeia durante a Segunda Guerra Mundial. De resto, isso pertence ao repertório de recursos de alguns artistas que inventaram seu currículo e até mesmo exposições que nunca existiram, alegando que se trata de um gesto artístico ou forma de contestar a arte.

A desmistificação do xamã Beuys foi incrementada no livro *Beuys – Die Biographie*, de Hans Peter Riegel, conforme reportagem de Graça Magalhães Ruether n'*O Globo* de 10 de junho de 2013.[9] Diz

---

9 Ruether, Livro derruba o mito Joseph Beuys, *O Globo*, 10 jun. 2013. Disponível em: <http://oglobo.

Riegel que, para Beuys, "sua vida era como um complemento de sua arte, e, por isso, mudava o que não achava interessante". O artista alemão dizia ter nascido em Kleve, mas é de Krefeld; dizia ser filho de Hubert Beuys, mas este era seu tio, o pai era Joseph Jacob Beuys. O tal chapéu que Beuys usava não era para tapar a placa de metal implantada em consequência de uma fratura, mas um disfarce de sua calvície. Quanto ao incidente do avião, parece ter sido bem diferente da versão que o artista gostava de contar.

Claro que alguém pode achar tudo isso engraçado, dizer que a verdade é sempre ficção, que cada um vive a sua fantasia. Mas é bom que o leitor saiba disso. A partir desses dados uma reanálise da obra de Beuys se impõe.

Vi uma de suas exposições, aqueles feltros empilhados que remetem à sua discutível biografia, e constatei, antes de saber dos dados biográficos, que estava diante de uma grande e repetida insignificância.

---

globo.com/cultura/livro-derruba-mito-joseph-beuys-8636637>.

Estrutura na multiplicidade

O crítico Frederico de Morais chegou a fazer um mapa cronológico/didático dos principais movimentos artísticos a partir do Impressionismo: Impressionismo, Neoimpressionismo, Simbolismo, *Art Nouveau*, Fauvismo, Cubismo, Orfismo, Futurismo, Pintura Metafísica, Expressionismo, Dadá, Surrealismo, Vanguarda Russa, Neoplasticismo, Purismo, Bauhaus, Arte Abstrata, Arte Concreta, Informalismo, Pop Art, Novo Realismo, Mec-Art, Figuração Narrativa, *Happening*, Arte Cinética, Op Art, Arte Mínima, Múltiplo, Arte Pobre, Arte Ecológica, Arte Conceitual, Arte por Computador, Arte Cibernética, Body = Arte, Hiper-realismo. Isso até 1975. São 34 maneiras de ser produzir arte.

Dos livros que conheço, o que mais se aproxima do que estou dizendo é *The Methodologies of Art*, de Laurie Schneider Adans, que dedica todo um capítulo à semiologia, Saussure, Pierce, Barthes e à semiótica. Na verdade, ela faz uma história introdutória, mas não sugere nenhum método de análise. Apenas mostra o que alguns pensadores disseram.

Muitos artistas devaneiam em seus manifestos com pretensão filosófica. Disso dão prova as mil páginas do livro de Kristine Stiles e Peter Selz, *Theories and Documents of Contemporary Art*, que coletaram o esforço e a leviandade teórica de muitos. Alguns, como Giuseppe Penone (1970-74), aproximam-se do ponto que os interessa, ao afirmar que "o estudo da história da arte e cultura é conectado com a percepção da linguagem".[10] Ele chega a mencionar a "pintura semântica", mas não avança nos seus raciocínios.

Com efeito, grande parte da "arte" produzida no século XX é essa "pintura semântica": há sempre a estratégia discursiva justificando, explicando-a, o que levou o crítico Tom Wolfe a fazer o célebre diagnóstico de que a pintura estava se transformando em uma "palavra pintada".

Retomemos, portanto, alguns instrumentos postos à disposição da leitura das obras, agora interessados em operacionalizar o conhecimento

---

10 Stiles; Selz (Orgs.), *Theories and Documents of Contemporary Arte – a source book of artist's writings*, p.678.

das estruturas subjacentes aos manifestos e movimentos.

Depois das aludidas *estratégias externas* (e que não são tão externas assim, devendo ser avaliadas), referimo-nos agora às *estratégias internas*. A passagem de um nível a outro vai mostrar que, ao contrário do que muitos pensam, o sistema das artes plásticas obedece a certos princípios, certas leis. Inclusive as *insignificâncias* aí se situam muito bem. Por isso é necessário destacar que há algo além da *diacronia* e da *sincronia* de que falam os manuais. Os conceitos de *constante* e *invariante*, que vêm das ciências sociais, por exemplo, fazem avançar, aprofundar a análise, obrigando-nos a ir às camadas mais fundas da obra. Isso nos tira da sequenciação de datas, de movimentos, nos tira da leitura apenas temática, biográfica e estilística e nos obriga a verificar as *semelhanças* e *diferenças* entre as diferentes propostas artísticas. Aí se verificará que essa quantidade de movimentos e manifestações pode ser reduzida a um número menor. A *quantidade* começa a ser convertida em *qualidade*. Elas são mais parecidas do que diferentes, pertencem a uma mesma família. É como se operássemos usando a teoria dos conjuntos matemáticos, agrupando as coisas por semelhanças para ver suas diferenças.

Podem ser listadas, pelo menos, dez *estratégias* ou meios de produzir uma obra "contemporânea". São *constantes* que estão presentes em vários dos movimentos, embora estes se queiram diferentes, originais. Isso constituiria a *gramática básica* do discurso artísticos de nossa época. Vejamos:

1. **Deslocamento**. Pressupõe-se que o objeto colocado fora de seu contexto gere um efeito de estranhamento que é confundido/tido como efeito estético/artístico. Pode ser a Mona Lisa de bigode, um urinol ou roda de bicicleta expostos num salão de arte. O que se chama de *apropriação*, de *estranhamento*, faz parte desta maneira de produzir a obra. A metonímia, a sinédoque, a troca do sujeito pelo objeto, a assinatura como produto, a teoria no lugar da prática, a parte pelo todo, tudo isso faz parte deste conjunto.

2. **Mudança de escala**. Passou-se a explorar sobretudo a produção de objetos em grande escala. O tamanho passou a ser documento, demonstran-

do que se pretende dialeticamente atingir a qualidade pela quantidade. O desbordamento passou a ser estranhamento, surpresa. Uma enorme pá de pedreiro de 10 ou 15 metros enterrada num parque, ou chapas de aço de 5 metros de altura e cinquenta de comprimento, ou até um boneco *kitsch* de vários metros de altura como o que se encontrava na entrada do Museu Guggenheim em Bilbao. Pode ser também a "maior porcelana jamais produzida no mundo", do norte-americano Jeff Koons. No caso do cinema, um filme pode durar muitas horas e focar apenas uma pessoa dormindo. Pode-se estudar aí a relação entre capitalismo e tamanho, entre visibilidade e fama.

De resto, pode-se perguntar qual a diferença entre essas grandes obras apresentadas como artísticas e o papagaio de 15 metros dependurado de cabeça para baixo num guindaste em Londres para marcar o espetáculo ao vivo do grupo de humoristas Monty Python. O autor é um escultor, Irain Prendergast.

3. **Novos materiais (exóticos)**. Em especial aqueles considerados menos nobres (instrumentos, palavras, objetos etc). *Arte povera*, coletando

materiais pobres, cotidianos. Ou, indo mais longe, recolhendo material orgânico: suor, sangue, lágrimas, fezes, espermas, cocô de elefante. Alguns livros se dedicaram a arrolar esses exemplos: *Sangue, arte poder, política e patologia*, de James Bradburne, ou *De Immundo*, de Jean Clair: "O imundo, portanto, considerado como categoria privilegiada de arte hoje".

4. **Ritualização**. *Happenings* e *performances* exemplificando a inserção do ritual como procedimento artístico. Um ritual muitas vezes às avessas. Aí o corpo e os objetos têm seu papel. Tal ritualização pode ser ilustrada mediante um concerto em que o piano seja destruído a marteladas, uma cena de *action painting* na qual o pintor joga tintas num mural ao som de uma batucada de samba, ou então uma peça de teatro que se desloca com o público de um ambiente para outro, às vezes percorrendo várias partes da cidade. O público tem noção de que algo único está ocorrendo naquele instante, participa, move-se com o espetáculo, é parte dele e cada acontecimento pode ser sempre diferente. É um exercício social

e coletivo de catarse ou contemplação de algo que se crê criativo.

5. **Interatividade**. O espectador deixa de ser passivo, move a obra, entra nela, penetra em túneis, espaços, cenários, roupas, aciona aparelhos, interfere na criação. Enfim, sente-se autor ou coautor.

6. **Quantificação**. Está ligada à **repetição** – como na dízima periódica, a ação *ad infinitum*. Parte-se de princípio implícito nas leis da dialética de que a quantidade, a partir de certo ponto, reverte em qualidade. A arte minimalista trabalha assim. Se, por outro lado, um guarda-sol espetado num jardim é apenas um objeto para proteger da luz e do calor, milhares de guarda-sóis fincados em colinas que se sucedem revertem em efeito quantificador/ qualificador. Um cartão com o endereço profissional de uma pessoa é algo, mas dezenas de cartões enfileirados numa grande parede atrás de um vidro têm outro efeito. Uma bola de plástico num corredor de um museu é uma coisa, mas dezenas de bolas acumuladas num canto, espera-se, têm outro sentido. Uma pessoa nua deitada em posição fetal

é algo quantitativa e qualitativamente diverso de centenas de pessoas nuas num teatro ou dispostas em colinas e planícies. Igualmente, a reprodução de dezenas de latas na prateleira do supermercado tem um sentido diverso da apresentação de uma só lata.

7. **Automatismo**. Utilização sistemática da máquina ou do computador na produção ou na programação do produto artístico. Produtos que se destroem automaticamente. O mecânico complementa o automatismo psíquico que na literatura começou com a escrita automática e o *stream of consciouness*. Crença também de que a máquina pode produzir arte.

8. **Fragmentação**. Pressuposto de que os fragmentos possam dizer mais que um discurso organizado. Aceitação dos limites do criador e espera de que o receptor complemente a obra sugerida. Efeito atualizador da *disjecta membra*, imagens re/partidas, a parte pelo todo.

9. **Processo e conceito no lugar da obra**. O rascunho no lugar da obra, o *making off*, o projeto no lugar do produto final.

10. **Substituição do objeto pelo sujeito**. O corpo do artista transformado em objeto. O artista se expõe, chega a se mostrar nu, ele é a obra de arte. A biografia inventada.

Essas dez variantes resumem o essencial de cerca de cem anos de manifestações artísticas contemporâneas. É uma tentativa de avanço formal na compreensão do problema. Sem a consciência dessa listagem não moveremos o entendimento do que ocorre nas artes.

É possível, claro, que alguém adicione algo mais a essa síntese. Mas o que se está tentando fazer é organizar a informação. A tarefa da crítica sempre foi esta: discernir. Discernir e revelar. Categorizar. Ir além do autor, até contra o autor. É uma tarefa que produz mal-entendidos, mas deve ser enfrentada. Discernir, produzir uma leitura diferente e nova do conjunto, expor ângulos novos.

Temos, portanto, essas dez estratégias/variantes: *deslocamento, mudança de escala, novos materiais, ritualização, interatividade, quantificação, automatismo, fragmentação, processo e conceito no lugar da obra, substituição do objeto pelo sujeito.* É possível que um ou outro desses traços exista em outras épocas, mas não seriam traços dominantes. Será que constituem um sistema, apresentam uma solidariedade com outros tópicos? Será que existe uma linha transversal que as permeie, um reagente que as agrupe como na química?

Pode-se, em consequência, perguntar: O que teriam essas variantes todas como ponto comum? Existe essa convergência? É possível resumir ainda mais o que já está resumido, em busca de um elemento *invariante* que, informando sobre as obras produzidas, informe socialmente sobre a ideologia que encobre essas obras?

Os estudos mais recentes sobre o sentido de *ideologia* mostram que nem sempre ela é evidente aos nossos olhos. Nem sempre vem expressa na superfície, na constituição, nos manifestos. Marx chegou a dizer que ela é o elemento invisível que une os tijolos da construção social. Com uma enunciação, como algo inconsciente, como um sonho que, às vezes, tem mais conteúdo do aparenta, a ideologia pode ser desentranhada e formalizada por intermédio de uma análise.

Por isso há um termo que parece reunir o essencial dessas dez variantes: *transgressão*. Esse termo atravessa como uma diagonal todos os dez itens, como se fosse um mínimo múltiplo comum. E aqui não só a formalização ganha outra dimensão, mas forçosamente saímos do espaço artístico para o domínio da transdisciplinaridade e do estudo da ideologia de toda uma época.

Em nosso tempo a transgressão passou a ser um valor em si. Ou melhor: passou a ser um valor artístico. Se a obra não transgride, não pertence ao nosso tempo. A rigor, houve uma troca de modelo em relação à arte clássica. No classicismo havia o sentido da *imitação/norma*, que passou a ser substituído na moderna contemporaneidade pelo *desvio/ruptura*. Atualmente o alto índice de transgressão e a surpresa determinam o valor da obra, o que foi analisado por Zygmunt Bauman em *O mal-estar na pós-modernidade*. Retomando o texto de Freud, ele diz algo que nos interessa nessa metamorfose ideológica: "Qualquer valor só é um valor (como Georg Simmel há muito observou) graças à perda de outros valores, que se tem de sofrer a fim de obtê-los".

Trata-se de uma observação que pode ser desdobrada. Com efeito, Frederic Jamenson cita Simmel que, ao estudar a "filosofia do dinheiro", explica o que aconteceu no universo da arte quando o dinheiro passou a ser um *valor* que determina o *artístico*. Como diz Simmel, "os objetos são absolutamente obedientes ao dinheiro". Que o digam os investidores em objetos artísticos, publicitários, economistas e pessoas endinheiradas que procuram o aval das obras de arte para adquirirem o *status* de cidadãos da *polis* contemporânea. Tornou-se, aliás, comum nos Estados Unidos e até no Brasil o lançamento de obras/autores na Bolsa de Valores, conforme notícia sintomática do *Jornal do Brasil*: "Será amanhã, na Bolsa de Valores do Rio, a abertura da mostra 'Contemporâneas' reunindo obras de 12 artistas brasileiros".[11]

Sendo assim, um raciocínio se impõe: a novidade, a autofagia, a superação (aparente) de modelos sobre ser um valor capitalista são fatores de conversão do sujeito em objeto no qual tudo é mercadoria e o valor é provisório e relativo.

---

11 Coluna Informe de Arte, *Jornal do Brasil*, 4 ago. 2003.

Há, visivelmente, um elemento presente nessas dez variantes: a *transgressão*. Verifiquemos mais de perto o sentido dessa palavra que parece tão ordinária. Todos sabemos o que é transgressão. O dicionário fala de ir além das fronteiras, da lei; transgressão aparece como sinônimo de violação, logo, a violência é também inerente a quem transgride.

No entanto, analisando formalmente esse termo percebemos que tem uma conotação *concreta* e outra *abstrata*. Do ponto de vista concreto, transgredir significa dar um passo, ir além do limite previsto. Ou seja, diz respeito ao *espaço*. Com efeito, a filosofia contemporânea (contemporânea do espaço) tem dissertado muito sobre o *espaço,* como se tivesse materializado o sujeito, colocando-o em situação. E existe mesmo um setor da arte atual que se define como "situacionista". Epistemologicamente, entende-se que o sujeito é determinado pelo lugar de onde está falando. O *espaço* hoje define o sujeito, quando em outras épocas o *tempo* era a categoria definidora do indivíduo. Antes era a *essência*, hoje é a *aparência*. É como se a história da arte, de um ponto de vista filosófico, estivesse presa a dois verbos, ora o *ser*, ora o *estar*.

Aqui a gramática e a filosofia se encontram de novo. A arte contemporânea privilegia o estar (ou *espaço*), em lugar do privilégio, no passado, ao *tempo*.

Não seria possível fazer a análise desses dois momentos da cultura? O que se ganha e se perde em cada opção? Teria a filosofia fagocitado a arte? Quem sabe estamos diante de dois equívocos, um antigo e um contemporâneo? O primeiro é o de Aristóteles, afirmando pela lógica que uma coisa não pode ser ao mesmo tempo o seu contrário; do outro lado Marcel Duchamp, que não era filósofo, dizendo radicalmente que uma coisa pode ser o seu contrário ou qualquer coisa que o sujeito determinar.

É sabido que a arte deu um passo a mais, rompeu os limites não apenas espaciais: saiu do museu, da moldura, do quadro; não só usou materiais menos nobres, não só fragmentou, mas criou rituais profanadores, fundou outra gramática, misturou todos os gêneros e o artista passou se julgar acima do bem e do mal. Quer dizer, a transgressão passou a ter um valor moral indiscutível. Fazer arte moderna e contemporânea é obrigatoriamente ir contra os valores da sociedade; sociedade que, por sua vez, antropofagicamente devora as obras contra ela, tornando a transgressão uma rotina.

Há, por consequência, e em vários níveis, uma mola que impulsiona hoje o processo criativo: a *transgressão*. Mas, como assinalamos, surge um elemento paradoxal na transgressão. Ela é uma palavra de ordem. Insere-se no *double bind* de que falava Gregory Batteson. Ela está presa a um paradoxo da época. O desvio virou norma, a transgressão é obediência a um código.

Poder-se-ia perguntar por fim se, historicamente, a transgressão não seria a contraparte da imitação, ou seja, se não seria igual e contrária à imitação, que geriu por milhares de anos o comportamento artístico.

Há cerca de cem anos pregamos a transgressão. Quem sabe não seria hora de se fazer um *museu da transgressão* e criar algo que vá além da imitação dos clássicos e da transgressão dos pós-modernos?

Agosto de 2014.

Referências bibliográficas

Insignificâncias

BITTENCOURT, S. Museu alemão mantém artistas no anonimato. *Folha de S.Paulo*, São Paulo, 3 dez. 2006. Ilustrada, Disponível em: < http://www1.folha.uol.com.br/fsp/ilustrad/fq0312200623.htm>. Último acesso em: 17 out. 2016.

CYPRIANO, F. Irlandês Michael Craig-Martin expõe na mostra "A bigger splash". *Folha de S.Paulo*, São Paulo, 27 set. 2003. Ilustrada, Disponível em: <http://www1.folha.uol.com.br/folha/ilustrada/ult90u37271.shtml>. Último acesso em: 17 out. 2016.

DALE, J. O Neymar de São João de Meriti, *O Globo*, 15 jun. 2014. Disponível em: <http://oglobo.

globo.com/esportes/o-neymar-de-sao-joao-de-meriti-12852828>. Último acesso em: 17 out. 2016.

DA REDAÇÃO. Faxineiro de galeria confunde arte com lixo e joga obra fora. *Portal Virgula*, UOL, 27 fev. 2014. Disponível em: < http://virgula.uol.com.br/diversao/faxineiro-de-galeria-confunde-arte-com-lixo-e-joga-obra-fora/>. Último acesso em: 17 out. 2016.

DURAND, D. *La Systémique*. Paris: PUF, 1979.

GARDNER, J. *Cultura ou lixo*. Rio de Janeiro: Civilização Brasileira, 1996.

HEINICH, N. *Le Triple jeu de l'art contemporain* – Sociologie des arts plastiques. Paris: Les Éditions de Minuit, 1998.

LACAN, J. O seminário sobre "A carta roubada". In: _____. *Escritos*. Trad. Inês Oseki-Depré. 3.ed. São Paulo: Perspectiva, 1992.

MARIA, W. Meaningless Work. In: STILES, K.; SELZ, P. (Orgs.). *Theories and Documents of Contemporary Art* – a source book of artists' writings. California: University of California Press, 1996.

MARTÍ, S. Bonitas e bem relacionadas, "galerinas" viram arma das galerias de arte. *Folha de S.Paulo* de 6 de abril de 2014. Disponível em: < http://www1.folha.uol.com.br/ilustrada/2014/04/1435843-garotas-bonitas-e-bem-relacionadas-viram-arma-das-galerias-de-arte.shtml>. Último acesso em: 17 out. 2016.

OSVALD, V. Marina Abramovic inicia performance na qual passará 512 horas em meio a espectadores, *O Globo*, 12 jun. 2014. Disponível em: <http://oglobo.globo.com/cultura/marina-abramovic-inicia-performance-na-qual-passara-512-horas-em-meio-espectadores-12817057>. Último acesso em: 17 out. 2016.

SAUNDERS, F. S. *Quem pagou a conta? – A CIA na Guerra fria da cultura.* Rio de Janeiro: Record, 2008.

SANT'ANNA, A. R. de. Enfim, a explicação do caos. *Manchete*, Rio de Janeiro, 25 jul. 1984.

_____. *Desconstruir Duchamp.* Rio de Janeiro: Vieira & Lent, 2003.

_____. *A cegueira e o saber.* Rio de Janeiro: Rocco, 2006.

_____. *Drummond: o gauche no tempo.* Rio de Janeiro: Record, 2008.

_____. *O enigma vazio: impasses da arte e da crítica.* Rio de Janeiro: Rocco, 2008.

_____. Narrativas de estrutura simples e complexas. In: _____. *Análise estrutural de romances brasileiros.* São Paulo: Editora da Unesp, 2012.

Novo método

MAGALHÃES-RUETHER, G. Livro derruba o mito Joseph Beuys, *O Globo*, 10 jun. 2013. Disponível em: < *http://oglobo.globo.com/cultura/livro-derruba-mito-joseph-beuys-8636637*>. Último acesso em: 17 out. 2016.

SANT'ANNA, A. R. de. *O que aprendemos até agora*. Rio de Janeiro: UFRJ,1990; São Luís: Edufitia, 1994

_____. Aspectos sociológicos e antropológica das vanguardas. In: _____. *Que fazer de Ezra Pound*. São Paulo: Imago, 2003.

_____. *Desconstruir Duchamp*. Rio de Janeiro: Vieira & Lent, 2003.

_____. *O enigma vazio: impasses da arte e da crítica*. Rio de Janeiro: Rocco, 2008.

STILES, K.; SELZ, P. (orgs.), *Theories and Documents of Contemporary Art – a source book of artists' writings*. California: University of California Press, 1996.

SOBRE O LIVRO

Formato: 11,5 x 15,5 cm
Mancha: 17,8 x 25,3 paicas
Tipologia: Adobe Garamond Pro 11/14
Papel: Off-white 80 g/m² (miolo)
Cartão Supremo 250 g/m² (capa)
1ª edição Editora Unesp: 2017

EQUIPE DE REALIZAÇÃO

Edição de texto
Marina Silva Ruivo (Preparação)
Nair Hitomi Kayo (Revisão)

Editoração eletrônica e capa
Vicente Pimenta

Assistência editorial
Alberto Bononi
Richard Sanches

Impresso por :

gráfica e editora

Tel.:11 2769-9056